U0035856

愛，
為你的心靈朗讀

楚雲——著

目錄

序

文字是一種致敬

楚雲

文字，是一種致敬。向愛致敬，向真理致敬，向永恆致敬。

所以，要向幽暗奪回蒙塵的文字，重新獻給光明，獻給純淨，重新交給每一個真誠的生命。

文字，也是一種無聲的吶喊，向痛苦，向陷落，向迷濛。

人生無從迴避動盪，文字卻可讓我們歸納和突圍，不躁動，也不掩埋內心的起伏，一一記錄瞬間的心跳。

網路的出現，將文字帶進一個幾乎無遮的時代，我看到百花齊放，也目睹群魔亂舞；我看到沉淪，也思考反撲的可能。

在網路上寫作，就是我放手一搏的開始，我努力重返一個清澈的年代，找回久遠的高音，經過篩選二百一十二則短語出版，是我尋找交心的另一個起程。

留白的部分，是讓每位知音記錄自己內心最深的波動。

我側耳聆聽，等候響應。

主旋律

愛，永遠是生命和宇宙的主旋律。
唯有它，能對抗苦難，超越絕望。

高峰

苦難若總不罷手，
你就讓它帶你到高峰，
那是它的盡頭。

尊榮

生命的尊榮，
由回應傷痕的能力所決定。

估量

生命的估量，
不在於得失本身，
而在於面對得失的態度；
不在於勝敗多少，
而在於承擔勝敗的力道；
不在於榮辱大小，
而在於挺向榮辱的姿勢；
不算計肯定或否定，
只求豁達於是非之外，向上仰望。

愛

愛有多深，路有多長；
能到底的人，
證明了他愛的份量與深度。

燃燒

生命的燃燒，
不單證明自身的存在，
更是對黑暗的突圍。

相對

恨，可以野火燎原；
愛，卻能驚天動地。

叫囂，可以迸發激流；
寧靜，卻能蓄勢排山倒海。

傲慢，得意於據有；
謙卑，卻有驚人的承擔。

力量

如果仇恨是一種力量，
我們就要證明愛是另一種力量；
如果叫囂是一種力量，
我們就要證明寧靜是另一種力量；
如果傲慢是一種力量，
我們就要證明謙卑是另一種力量。

放下

「放下」其實是另一種擁有。
一塊深山木石，
在匠人的刀斧雕鑿下，
似乎是耗損、割離，
但其實每一片材質削落的當下，
正是一座絕美作品誕生的前奏。

嫉妒

欣賞，是一種能力；
祝福，是一種尊榮。
在本質上都是生命動人的華美，
即使不被注意。

嫉妒，是一種脆弱；
抵制，是一種幽暗。
在本質上都是生命不堪的荒涼，
即使形式熱鬧。

生輝

沒有愛，再大的才華，也讓生命冰封失色；
有了愛，再小的表現，也使生命躍然生輝。

愛恨

恨，一再回味對抗和吶喊的激情；
愛，總是默默轉身擁抱和捍衛最深的良善。

風景

告別青春，
原有的激情競逐，
漸漸安靜下來。
生命的湖面，
有了沉潛的美麗光影，
有了淡出的自在風景，
是因為知道生命的極限。

於是開始放下，
棄守原有的戀棧，
重新衡量人生的疆界。

閱讀

濃書淡看，才不會背負過重，
淡書濃看，才能領略知識的莊重。

驕傲

驕傲是最高的羞恥，
謙卑是最深的榮耀。

原料

肥料通常氣味不堪，
但它卻是樹綠花香的原料；
人生的不堪，也常悄悄助長生命的綻放。

進退

進場與退場，
登台與謝幕，
入座與離席，
相聚與告別，
常常是世途的必然場景。

命運深化一個人靈魂的度量，
讓他欣然安止在最篤定的步伐上。

歡悅

最獨特的歡悅，
來自於發現永恆和獻身的狂喜，
如滴水歡然流歸大海，
追隨驚濤，形成巨浪，奔向地極。

才華

有一種才華，
不是為了發揮和顯揚，
而是為了隱藏和錘鍊，
以成就稀有的人格，
預備在未來的永恆裡，
榮耀發光。

人格

有才華卻不能在人前施展，
就越有機會成就人格的高度。

教育

教育孩子，
不要強調「出人頭地」，
養成不擇手段的搶先習性；
要叮嚀「盡己所能」，
塑造踏實認真的負責心態。

暗香

別人見不到你，
並不減少你的價值。
花間蝴蝶，
為眾人悅目而舞；
空谷幽蘭，
為暗香浮動而來。

錘鍊

才華不必洋溢，
鋒芒不用畢露。

若是命運看上你，
他會將絕大部分刻意遮蔽，
毫不浪費的轉用為錘鍊人格的絕佳利器，
直到成就最耀眼的存在。

傷痛

傷害已然造成，
是挽回不了的，
它就是痛的記憶，
只有用愛超越。

真理

罔顧真理，
所錯過的不只是時間，
還有生命。

憂歡

哭笑不得，是無奈心態；
憂歡不惑，是超凡情懷。

情與愛

愛與情感並不盡相同,
情感,容易趨向主觀得失的感受,
愛,卻能跳脫自我榮辱的囚限。

愛,在高處,
找到它獨特的光輝與自由,
一種人格的光輝,
一種神格的自由。

版本

生活經歷也許可以多角度註解，
但生命的真理與真相，
只有一個版本。

記憶

記憶與真相不完全等同。
記憶，可能產生時間錯位，
真相，卻經得起時間的顛撲和考驗。

符號

灰心說：「不可能！」
智慧說：「不，可能！」
一個符號改變節奏，
一點用心翻轉世界。

愛與信

不能愛，是最大的失能；
無法相信，是最深的無力。

碎裂

心靈的裂縫，是為了讓光進來；
生命的破碎，是為了讓活水湧出。

大小

所有偉大，
並不捨棄起初的微小；
一切成就，
並不拒絕開頭的天真。
謙卑，
其實潛伏著不可測度的希望。

回應

生命的精彩，
是通過擁有與失落，
發現自我回應悲喜的能力。

確認

估量永恆，
驚覺人的侷限和卑微，
才確認怎樣走向無限，怎樣活出尊榮。

遺忘

最動人的遺忘，是忘我；
最美麗的遺忘，是忘憂；
最有損的遺忘，是忘形；
最不堪的遺忘，是忘恩。

批評

肆意的批評，是內心幽暗的暴現；
真誠的建議，是內在良善的流露。

定罪

迫不急待的定罪，
是人格極度失控和脆弱的表現；
經得起一再批評，
是生命高度沉穩與自信的狀態。

眼界

偉大的事業，
來自生命的眼界，
來自靈魂之窗凝望的方向。

首末

將每一天視為第一日，
就永遠充滿期待；
把每一天當作最後一日，
就永遠曉得珍惜。

畫夜

畫是一種奔騰，
使人向高處仰望；
夜是一種沉潛，
讓我們向最深處貼近。

捨己

愛上一個人的最大證明，是捨己。

私心

在所愛的人跟前，
為自己力爭權益，好講道理，
那愛裡仍有私心籌算，
那愛離完全還有不算短的距離。

承諾

愛上一個人的檢驗，是承諾，
並且義無反顧的兌現承諾。

眼淚

眼淚未必是人生的低迷，
當它迎向陽光，
那淚珠也可以晶瑩燦爛。

懂得

世界上多一個懂得愛的生命，
就是世界全體的祝福。

歸零

我們總以為要先做一些可觀的事迎接未來，
其實，真正重要的是歸零，預備承接的度量。

不是

不是所有善行都代表真理，
如果存有私心；
不是所有美麗都代表完美，
如果霸道傲慢。

定義

鳥未必飛翔才被稱為鳥；
在一株良木上棲息，
也是牠生命的姿態。

尋求

如果你總認為，
多年來有得不到肯定的委屈，
那是因為尋求肯定的對象錯了。

孤立

思考上的獨斷，
情感上的獨霸，
意志上的獨行，
結果是各自孤立。

天地

恨，如毒株，奪地而出，卻終將枯死；
愛，如清輝，從天而降，總能隱而又現。

絕對

絕對的愛，
建立起對抗仇恨的最後防線。

解放

恨，是一種糾結，終將無解；
愛，或者也有煎熬，卻終必釋放。

長久

恨，有多久，生命的黑暗就停留多久。
愛，有多長，生命的火焰就燃燒多長。

分別

智慧叫人分辨，
仇恨叫人分割。

互相

恨，急速的聯結恨，
卻隨即下手相殘；
愛，緩緩的喚醒愛，
卻篤定無悔的相隨。

生滅

走向愛的人，
愛能救他，使他重生和療癒。

走向恨的人，
恨能摧殘他，使他沉淪與毀滅。

切求

恨，從不缺少；愛，急待補充。
我們切望愛的現身，
我們力求恨的離境。

贏得

恨，
贏得迷戀與追隨，
至終瓦解於幻滅；

愛，
贏得尊重與交心，
最後凝聚於不變的相守。

快慢

恨的突圍，
或許迅捷，卻深陷失控的敗象；
愛的推進，
或許緩慢，卻有雷霆萬鈞的力道。

智愚

在艱難中看到機會，是智慧；
在機會中看見艱難，是愚昧。

堅定

生命的黃金時刻，
不是你受人歡迎的瞬間，
而是你為一個神聖價值堅定去愛的時候。

超越

人的一生不是為被肯定而來，
而是為超越否定而來。

話語

話語的力量，
不在於講得如何生動，
而在於愛與真誠。

甘苦

有了難度才有深度，
前者苦澀，後者回甘。

虛熱

心有愛，就是生命最強大的光熱；
心沒有愛，就是生命最沉重的虛無。

改變

永恆進入時間，改變了時間；
無限進入有限，改變了有限。
我們要學習以永恆的觀點說話，
把人帶進無限的境界。

家

家，有愛，
就是世上最甜蜜的所在。

家，沒有愛，
就是世上最憂傷的囚牢。

好酒

酒的香醇或苦澀,
在於時間的醞釀。
終點的美好,等候有耐性的人。

深廣

邪惡比善良更用心，
所以傳播世界如此之廣；
善良比邪惡更用命，
所以穿透人心如此之深。

經歷

經歷許多變化，
才知道恆定有多難得；
經歷許多虛假，
才知道真實有多可貴。

無有

「無」是對抗「有」的最大力量。
無所牽掛正是無可阻擋之時。

前後

邪惡以幽暗為後盾，
真理以光明為前驅。

失落

失去祝福的能力，
就是失去愛的能力，
那是生命最大的失落。

單純

生命的黃金期，
不在童年，不在青年，也不在老年，
而在任何時刻，
當你懂得單純的向著永恒微笑，
歡然獻上自己的時刻。

放過

放手，才有更好的選擇；
放下，才有更真的認定；
放心，才有更自由的人生。

蓄勢

姿勢不為停格當下，而為蓄勢待發。
低下頭，是為起跑得更快；
蹲下身，是為彈跳得更高；
收回手，是為出手得更穩。

經受

經得起無人理睬
才經得起萬眾矚目。

受得住尊的姿勢，
才配過榮耀的崛起。

屈身

能夠屈身，為時代濯足，
才能挺立受歷史加冕。

動氣

動氣，是生命淪陷的前奏；
安息，是心靈超越的開始。

堅持

生命的高峰，
不在擁有多少，
而在堅持多少。

最後

能為自己所堅持的價值活到最後一秒鐘，
那不是悲壯，而是幸福。

水火

苦難點燃生命，如火祭；
傷痕淨化靈魂，如洗禮。

證明

年輕時想超越別人，以「勝過」證明自己；
中年時想包容別人，以「接納」證明自己；
老年時想取消自己，以「融入」證明自己。

見解

對所知謹慎的持守，是定見；
對未知蠻橫的抗拒，是成見。

忘與莫忘

莫忘初衷，不失起初的單純；
忘記背後，放下過多的背負。

堅持就難以撼動，
割捨就游刃有餘，
兩端合力就無可阻擋。

身心

能吃能睡，行動自主，是身體的祝福；
能欣賞接納、無礙去愛，是靈魂的祝福。

痛苦

痛苦對你的襲擊，
起初是偶發的，那是測試；
接著是間歇的，那是觀察；
最後是連續的，那是敬禮。

痛與生

承擔不了，叫痛苦，痛不欲生；
扛得下來，叫痛快，絕地逢生。

仿冒

愛有一種能力，
就是使人想起永恆，
缺少這個特質，
不過是愛的仿冒。

虛擬

相愛的生命，
必然渴望同在與相守；
只顧眼前貪歡，
不過是愛的虛擬。
愛，是永不止息。

所是

花，不因人說不是花，就失去香味；
鳥，不因人說不是鳥，就不出啼聲；
蝶，不因人說不是蝶，就缺少色彩。

人生最重要的，不是人所說；
重要的是，你所是。

儘可

儘可尊重，而不討好；
儘可配合，而不迎合；
儘可入世，而不媚俗；
儘可與時俱進，而不同流合污。

彰顯

有一種人生，
是用來張揚才華的亮麗；
有一種人生，
是用來透顯人格的光輝。

手

牽手，是溫暖；
放手，是智慧；
聯手，是信心；
接手，是耐力的承擔；
轉手，是壓力的交託；
交手，是壯大自我的成長。

祝福

不能為人祝福，
本身已失去了祝福；
能為人祝福，
自己也同在祝福裡。

愛與情

愛，無替代性，所以永恆；
情，有取代性，故非恆常。

情是陣雨，愛是大海。
情若不想蒸發無蹤，
愛就是它最美歸宿。

所有

佔有，不一定擁有；
擁有，不一定享有；
緊握拳頭，不過一束；
打開手掌，宇宙在握。

轉而

當愛以自我為中心，
它其實正漸漸失去愛的能力，
轉而變為強取和易怒。

當愛以捨己為表現，
它其實正漸漸累積愛的豐富，
轉而成為淡定和從容。

快樂

不自私的快樂,
是最自由的快樂,免去爭執;

不強取的快樂,
是最自在的快樂,免去徒勞。

目的

人生的目的，不是快樂，而是成長。

去留

人的一生，
不在於去過多少地方，
而在於留下多少祝福，
那是真正的不虛此行。

對比

不堪回首，或，足堪回味，
是人生的兩樣情態。

有苦難言，或，苦盡甘來，
是生命的兩種體驗。

反差

窮途末路，或，峰迴路轉，
是際遇的兩端發展。

倉惶四顧的迷茫，或，向上仰望的明亮，
是眼神的兩樣目光。

新生

分分秒秒都是告別,
時時刻刻都是新生。

為告別留下漂亮背影,
為新生舉目歡然奔跑。

善惡

惡對善的無理摧折，
不過顯明了惡的本質；
善對惡的極限承受，
其實突顯了善的絕對力量。

掌權

面對人的是非，
情緒的捲入是最危險的陷井，
動氣是作繭自縛、全面失去自由的開始。
活在是非之上就是在風浪中掌權。

輸贏

贏過別人卻沒有贏過自己，
那贏，其實只顯出本質的脆弱；
輸給別人但沒有輸給自己，
那輸，其實更顯出內在的強大。

善惡

人若執意走向邪惡，
邪惡會以難以想像的快速邀你進入，
最後以死亡的訕笑奪去你的所有。

人若定意走向美善，
美善會以超乎理解的耐性等你前來，
至終以生命的祝福擁抱你的一切。

知識

知識慣於挑戰知識，
人性在知識中狂妄而脆弱，
趨向彼此背離，冷眼相待。

有限

經歷生命的有限，
增加對永恆的渴望。
因為眼前所有的，
都稍縱即逝，無從依附。

認定永恆的真實，
強化對時間的處理。
對於當下一切，
都特別珍惜，不忍輕忽。

虛與滿

常以知識表現自己，
不過透露生命支撐的脆弱；
歡喜以愛分享生命，
其實說明人生實質的飽滿。

珍惜

別羨慕虛幻的大，
那只走向空無的荒涼；
要珍惜真實的小，
那是無限大的化身。

回甘

逆境是一種處境，
受苦是一種心境。

逆境並不等於受苦，
當愛存在，
苦澀深處也能回甘。

言語

別要求他人管住他的嘴，
只要求自己管住自己的心。

隨時接收任何語言形態，
有難以言喻的輕省，
在一切言語的刺激之上，
你漸漸感到自由了。

一無

一無掛慮，
才知道什麼是自由；
一無所求，
才經歷什麼是力量；
一無所懼，
才確定什麼是高峰。

虛實

道理滿天飛，
唯有真理顛撲不破。

檢驗真理的虛實，
就看愛有沒有貫徹其中。

自由

他有罵別人的自由，
你有不罵別人的自由；
他有生氣的自由，
你有不生氣的自由；
你真自由了，
沒有任何力量能控制你了。

壓力

壓力，
可以是推力的化身，
對慣性產生催迫和位移，
出離安逸和僵化的生命狀態，
塑造更強大的你。

歧見

歧見不等同歧視，
兩者不可混淆，
免得真理被蒙蔽。

真理容許歧見的對話，
如果是為了真理的探索。

反對

反對不等同敵對，
兩者不可重疊，
免得認知被誤導。

認知容許反對的議論，
如果是為了認知的準確。

包容

包容不等同縱容，
兩者不能互解，
免得是非顛倒。

是非必有客觀的依據，
對錯才可排列出真正的秩序。

絕頂

我們不妄求強大。
山的頂峰，從不巨碩，甚至微小，
卻超乎天下。
只因它仰望無限，立足堅實，
成就了大地所欣羨的卓越高度。

敬畏

所有生命傾向都潛伏著痛苦，
為在歧路上使人清醒，
讓你精準分辨正路。
帶進這種巨大效益的痛苦，
令人敬畏且值得忍耐。

無懼

不怕動盪，
如果動盪是為了進入更深的安息；
擁抱安息，
因為安息是為了準備更高的飛越。
不怕冷漠，
其實冷漠是為了呼喚更深的笑容。
維持笑容，
因為笑容悄悄點燃了更高的溫度。

燃燒

不為明日之我掛慮，
要為永恆之我雀躍。

不為今生波濤憂心，
要為無遮彼岸歡呼。

不為前路暗夜，歎息徬徨，
要為黎明終點，徹夜燃燒。

遠近

著力批評只會愈加疏遠，
細心醫治才能拉近距離。
不要一味專注人的缺點，
應當留意分辨人的傷口。

洞察

別只看外在桀傲，
要洞察那隱藏的嘆息；
別只聽激情吶喊，
要敏感那孤獨的心跳。

衝突

衝突不等同毀滅，
只管含笑以對。
面對衝突最強大的方式，
不是對抗，而是超越。

點亮

生命要點亮的，
不是炫麗，而是希望；
不是眼目，而是靈魂。

價值

生命不在長短，而在內容。

有人，虛度一生；
有人，全盤燃燒。
有人，錯失了說一個精彩故事的機會；
有人，把握了唱一首動人歌曲的演出。

自由

自由的定義，不是放縱，
而是提得起，放得下。

起身

傲慢，總有一天蒙羞倒下；
謙卑，他日終將榮美起身。

憂懼

憂心，是對當前處境的掛念，
直接朝向問題反省。

恐懼，是對未來變化的逃避，
逐步身陷情緒波動。

寶劍

真正的寶劍，不輕易亮劍，
一出鞘，鋒芒四射。

深沉的美麗，不急於登峰，
一出場，為之驚艷。

贏得

贏得掌聲，
不如獲得敬重。

贏得稱讚，
不如擁有真心。

瞭解

期待被瞭解，
但不苛求被瞭解，
才可超越被曲解的失落，
才有終於被理解的欣喜。

時日

沒有一天敢浪費，
因為生命有限，
沒有浪費的權利。

沒有一日不珍惜，
因為時日飛逝，
所有都終將告別。

敵友

存心對抗你的人，
你只當憐憫，
他不明白他所作的，
將來是他的纏累。

由衷幫助你的人，
你務必記得，
他配得上他能有的，
未來是他的冠冕。

承受

承受剝奪是一種能耐，
它讓所有的奪取，
至終不知所措。

承受犧牲是一種絕對，
它讓一切其他價值，
黯然失色。

場域

家，若常鼓勵你，
那真是天堂；
家，若常刺激你，
也不是地獄。
那是錘鍊生命的最高學府，
是形塑靈性顛峰無與倫比的場域。

擁有

你所擁有的，
若是超過你所需要的，
就成為徒耗心力的負擔。

你所僅有的，
若可發揮得淋漓盡致，
就成為彌足珍貴的精彩經歷和資產。

奔向

一滴水，
不必追逐前浪，
只要湧動，
奔向洋海，
與大海共成驚濤，
一同昂揚，
向前無盡澎湃。

怨與和

不要抱怨，
因為第一個被消耗的就是你；
只要謙和，
因為第一個受益處的就是你。

刺

玫瑰不曾畏懼刺的存在，
它知道有一天，
自己要以全然的美麗，
淹沒所有的刺傷。

造就

失望喚醒了我；
絕望錘鍊了我；
堅持造就了我。

恩寵

事事期待完美，
處處失落。

時時悲憫看待，
處處恩寵。

良師

他人的真誠欣賞，
開發你實質的力量；
他人的刻意輕忽，
激發你潛在的力量；
兩者皆良師。

強大

痛苦啊，
你不夠強大，
因為信心比你更強大。

冷漠啊，
你不夠有力，
因為微笑比你更有力。

咒詛

別咒詛，
它從未將人帶向美好。

多祝福，
它總是讓人轉向良善。

因愛

男子因愛而溫柔，
女子因愛而堅強，
所有人因愛而超越自己。

虛

虛謊的議題，帶來虛耗的社會；
虛張的聲勢，帶來虛無的終場。

生滅

恨所帶進的凝聚，
終將導致全體的毀滅。

愛所帶進的合一，
終將引來全面的生機。

支撐

名利的剝奪，情感的封鎖，
其實都在測試生命真正的支撐，
以及那支撐的力度。

輕視

他人的輕視，
提醒你沒有鬆懈的權利，
只當心無旁鶩，凝望巔峰。

衝突

謙讓一寸，可能推進百尺；
逞強一尺，可能失落千丈。

求

無求，是一種自由；
強求，是一種消耗。

挑動

毫無預警的被激怒，
其實是一個陷井，
測試我們被挑動的機率有多高。

守心

心累比身累更覺疲憊，
所以要保守你的心，
甚於保守一切。

欠缺

不要怕冷漠和輕蔑的表情，
你生命中的微笑與尊重，
正是為那些欠缺而來。

說與做

說得好能讓人感動；
做得好能讓人行動。

謙卑

每增加一種知識，
其實都潛藏著使人傲慢的風險；
維繫生命自由的重要力量，
就是謙卑。

傲慢，叫人作繭自縛；
謙卑，是對抗傲慢的強大防線。

打擊

打擊，
讓你在意志上更堅強，學習抗壓；
在情感上更柔軟，學習寬容。
這將驗收你的遭遇，
究竟是徒然一筆，
還是留下耐人尋味的光影。

勇於

面對歸零，
需要更大的心理強度。
「我準備好了，我等的就是這一刻。」
能放下，就趨向強大；
敢提起，就不可輕忽。

戒慎

權力的飢渴，
權力的爭鬥，
權力的傲慢，
權力的濫用，
權力的腐化，
權力的消亡，
這是歷史演遞的鐵律。

深廣

成敗不是生命的終極風景，
如何回應成敗，才可測量生命有多深。

榮辱不是人生的唯一價值，
怎樣擁抱榮辱，才可顯示人生有多廣。

閱讀正十境

讀到了，
讀過了，
讀完了，
讀好了，
讀會了，
讀通了，
讀透了，
讀活了，
讀亮了，
讀樂了。

閱讀負十境

讀錯了，
讀偏了，
讀漏了，
讀死了，
讀煩了，
讀睏了，
讀傻了，
讀呆了，
讀苦了，
讀瘋了。

看人

看一個人如何掌握權力，
就可確定他的真相。

看一個人如何看待生死，
就可分辨他的堅持。

無動

不要錢，不顧權益；
不要臉，不計毀譽；
不要命，不念生死；
人生無可撼動。

對錯

不分對錯，最後一無所是；
爭執對錯，最後兩敗俱傷；
超越對錯；至終天下無敵。
回應的姿勢，決定生命的高度。

敘舊

念舊誼，不念舊惡；
惜舊識，不算舊賬。

自傲

沒有自信才需要驕傲，
本質脆弱才需要自大。

謙卑代表你有真正的實力，
捨己代表你有實質的強大。

自我

放下自己，無所背負，
成全了更有力的自我。
堆砌自己，舉步沉甸，
掩埋了更深邃的自我。

時間

不會管理時間，
就不會管理生命。
人生的品質，
反映在時間的駕御，
表現在優美的秩序，
完成在超越的自由。

證明

人無理的對抗和嘲諷，
不過證明你的影響正逐漸成形。
你接下來的動作，
不是在灰心中退縮，
而是在智慧中堅持。

順逆

不要太羨慕好運，
那只帶來安逸與平庸；
不要太排斥惡運，
那常帶進衝撞與高度。

見識

反對而不敵對，是一種胸襟；
分辨而不撕裂，是一種智慧。

甘願

委屈是一種養分，
心不甘，恨就越養越大；
心願意，愛就愈來愈強。

氣

氣勢用在工作，為了使命；
氣質顯在生命，為了祝福。

透與破

看透，不必看破；
說透，不必說破。

認真

與其費力解釋，不如用心證明；
與其索取肯定，不如認真對待。

根

根深，迎風而立；
根淺，隨風而倒；
無根，任風飄搖。

對象

愛，
不是愛你的想像，
是愛你的對象。

傲與謙

傲慢與炫耀，
說明了除此以外一無所有。

謙卑與內斂，
代表了足堪期待無限可能。

問題

遇見問題，是一種機會；
分析問題，是一種智慧；
化解問題，是一種超越。

心向

只想反擊對方，
心，已在黑暗裡；
只願祝福對方，
心，已在光明中。

憐憫

一張不快樂的臉，
需要的不是嫌惡，
而是憐憫，
以及幫他脫困的手。

輸贏

人不理睬你，你卻祝福他，
你贏了；
人冷淡對你，你就反擊他，
你輸了。

忍受

經得起委屈，讓它瞠目以對；
受得了羞辱，讓它啞口無言；
忍得住排擠，讓它束手無策。

善惡

要導引人性中善良的響應，
不要刺激人性中邪惡的現身。

對手

當痛苦連番出手，你卻百折不撓。
你是難纏的對手，以傷痕為勳章。
讓痛苦對你致敬。

無法

無法欣賞，是一種無能；
無法祝福，是一種殘缺；
無法愛，是一種死亡。

更新

過度自我欣賞，是一種自我綁架，
無法取得進步。

適當自我調整，是一種自我尊重，
逐步趨向更新。

舊恨

牢記舊恨，只會製造新仇，
那心沒有因此成長，
任憑自我啃噬而衰敗，
徒然流失餘下的年日，
以及全部的人生。

苦難

苦難，是點燃生命的火種，
使靈魂如焰上騰。

傷痕，是淨化生命的手續，
使靈魂一清如水。

完整

有些人是為安慰你而來，
與你一同貼近傷口；
有些人是為衝撞你而來，
使你重複回味苦澀。
他們用相反的力量，
成就你人生的完整和壯大。

準與透

不能只看得快，還要看得準；
不能只想得多，還要想得透。

受損

若是他人陷你於損失，
至少要為一件事感謝，
就是慶幸你只是受損的人，
而不是使人受損的人。
你一生被保守在這一方，
那是天大的幸運。

溝通

用情緒字眼溝通，
是彼此精神失聯的開始，
它切斷了理性對話的可能，
使思緒與主題產生失焦與混淆，
結果就是一場徒勞的語言消耗。

災難

面對不合己意的狀態，
只剩咒詛式的反擊，
那是私心挾怨的搏命，
催化對立的擴大。

真理

真理是對生命本質的呼喚，
一經認定，可為它粉身碎骨，
為它穿過風暴，為它一無所有。

論點

習慣性的隨意論斷，
是人格上的鬆懈與偏執；
謹慎細心的指點，
是情感上的守護與成全。

造就

任意批評，
並不增加自己的道德高度，
只顯明傲慢與偏見；
承受批評，並不會失去生命的尊嚴，
卻可造就謙卑與精確。

釋放

路，放眼而行遠；
物，放下而豁達；
人，放過而無擾；

此謂釋放。

實虛

在真實的根基上去推想，
在虛謊的假象裡去自溺，
這是夢想和妄想的分野。

轉向

當愛的優先性從自我需求轉向對方需求,
這愛正以驚人的速度邁向高峰。

事

去年的事到了今年偶爾提起，就叫故事；
今天的事到了明天還在想念，就叫心事。
故事已經完成，心事仍在繼續；
故事多幾分瀟灑，心事總有些纏綿。

空

寧可帶著信心的翅膀向上騰空，
也不要用茫然的雙腳向下踏空。

就位

人生總有首演與終場。

啟幕時，
深情入場，溫馨就位，認真照面，
交會一雙真誠的眼眸。

落幕時，
從容離席，優雅退場，瀟灑揮別，
留下一個漂亮的背影。

末後

你的任務和角色，
如果是點燃末後一盞燈，
也要欣然接受，
那代表你無分於黑暗，
你將第一個看到黎明破曉。

關於作者

趙士尊 攝

楚雲，資深媒體人與廣播人，基督教牧師。

曾任中國廣播公司、警察廣播電台等節目製作主持人；IC之音廣播電台台長；聯合報副刊「藝文短評」專欄主筆。

曾獲1983年、1985年、1987年、2006年四屆最佳廣播節目金鐘獎（綜藝與文教資訊類）；2009年、2011年、2013年三屆大陸中央人民廣播電台全球華語廣播獎「魅力主持獎」。

著有《一個遠方，忍不住奔赴》（宇宙光出版），並入選兩岸散文作家選集《此岸彼岸》（北京電視廣播出版社出版）。

Harmony 011

愛,為你的心靈朗讀

Reading For Your Heart With Love

楚雲——著

出 版 者　心靈工坊文化事業股份有限公司
發 行 人　王浩威
總 編 輯　王桂花
執 行 編 輯　趙士尊
封 面 設 計　高鍾琪
內 頁 排 版　高鍾琪
通 訊 地 址　10684台北市大安區信義路四段53巷8號2樓
郵 政 劃 撥　19546215
戶　　名　心靈工坊文化事業股份有限公司
電　　話　02)2702-9186
傳　　真　02)2702-9286
Email　service@psygarden.com.tw
網　　址　www.psygarden.com.tw

製 版 印 刷　彩峰造藝印像股份有限公司
總 經 銷　大和書報圖書股份有限公司
電　　話　02)8990-2588
傳　　真　02)2990-1658
通 訊 地 址　248新北市新莊區五工
　　　　　五路二號
初 版 一 刷　2017年11月
ISBN　978-986-357-107-0
定　　價　400元

國家圖書館出版品預行編目(CIP)資料
愛.為你的心靈朗讀 / 楚雲著
　-- 初版.-- 臺北市：
心靈工坊文化, 2017.11
　　面；　公分
ISBN 978-986-357-107-0(平裝)
1.格言

192.8　　　　　　　　　106019934